essentials

essentials liefern aktuelles Wissen in konzentrierter Form. Die Essenz dessen, worauf es als „State-of-the-Art" in der gegenwärtigen Fachdiskussion oder in der Praxis ankommt. *essentials* informieren schnell, unkompliziert und verständlich

- als Einführung in ein aktuelles Thema aus Ihrem Fachgebiet
- als Einstieg in ein für Sie noch unbekanntes Themenfeld
- als Einblick, um zum Thema mitreden zu können

Die Bücher in elektronischer und gedruckter Form bringen das Expertenwissen von Springer-Fachautoren kompakt zur Darstellung. Sie sind besonders für die Nutzung als eBook auf Tablet-PCs, eBook-Readern und Smartphones geeignet. *essentials:* Wissensbausteine aus den Wirtschafts-, Sozial- und Geisteswissenschaften, aus Technik und Naturwissenschaften sowie aus Medizin, Psychologie und Gesundheitsberufen. Von renommierten Autoren aller Springer-Verlagsmarken.

Weitere Bände in dieser Reihe http://www.springer.com/series/13088

Andreas Györy · Anne Cleven · Günter
Seeser · Falk Uebernickel · Walter Brenner

Projektübergreifendes Applikationsmanagement – Der strategische Applikationslebenszyklus am Beispiel des BMW Q-Cockpit

HMD Best Paper Award 2014

2. Auflage

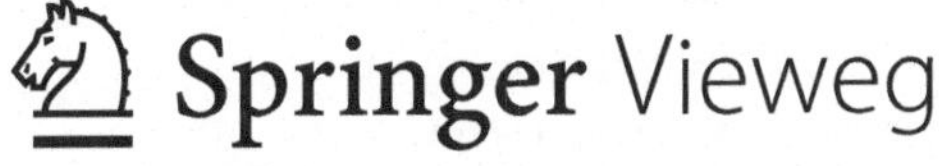

Andreas Györy
A² Research
München, Deutschland

Dr. Anne Cleven
A² Research
Nettetal, Deutschland

Dr. Günter Seeser
BMW Group
München, Deutschland

Prof. Dr. Falk Uebernickel
Universität St. Gallen
St. Gallen, Schweiz

Prof. Dr. Walter Brenner
Universität St. Gallen
St. Gallen, Schweiz

ISSN 2197-6708   ISSN 2197-6716 (electronic)
essentials
ISBN 978-3-658-14223-0   ISBN 978-3-658-14224-7 (eBook)
DOI 10.1007/978-3-658-14224-7

Die Deutsche Nationalbibliothek verzeichnet diese Publikation in der Deutschen National-
bibliografie; detaillierte bibliografische Daten sind im Internet über http://dnb.d-nb.de abrufbar.

Springer Vieweg

Gedruckt auf säurefreiem und chlorfrei gebleichtem Papier

Springer Vieweg ist Teil von Springer Nature
Die eingetragene Gesellschaft ist Springer Fachmedien Wiesbaden GmbH

Was Sie in diesem *essential* finden können

- Ein phasenbasiertes Lebenszyklusmodell zur Entkopplung der Steuerungsmechanismen für innovative Neuentwicklungen und operative Kernsysteme
- Einen applikationsorientierten Lösungsvorschlag für die Problemstellung der „IT der zwei Geschwindigkeiten"
- Eine Fallstudie zur Digitalisierung des Qualitätsmanagements bei BMW anhand einer Eigenentwicklung
- Konkrete Erfolgsfaktoren für ein effektives Business-IT Alignment

Vorwort

Der prämierte Beitrag

Die Wirtschaftsinformatik ist die Schnittstellenwissenschaft zwischen Business und IT. Obwohl das Bewusstsein für den Bedarf einer engen Beziehung zwischen diesen Disziplinen schon seit einigen Jahrzehnten vorhanden ist, stellt sich im geschäftlichen Alltag immer wieder heraus, dass die Kommunikation nicht einfach ist und die angestrebten Lösungen darunter leiden. Geschäftliche Anforderungen in leistungsfähige IT-Lösungen umzusetzen bleibt eine Herausforderung. Daher wurde die Ausgabe der HMD 51, Heft 5 (Nr. 299) im Oktober 2014 diesem Thema gewidmet.

Der Beitrag „Projektübergreifendes Management – Der strategische Applikationslebenszyklus am Beispiel des BMW Q-Cockpit" von Andreas Györy, Günter Seeser, Anne Cleven, Falk Uebernickel und Walter Brenner beschreibt an einem konkreten Beispiel ein schrittweises Vorgehen, um die begrenzte Veränderungsfähigkeit des Unternehmens bei der Einführung einer umfangreichen IT-Lösung zu berücksichtigen. Eine Vorgehensweise in vier Evolutionsphasen im Rahmen eines Strategischen Applikations-Lebenszyklus (SALZ) verzahnt die Entwicklung von Software und Geschäftsprozessen und kristallisierte sich als Schlüssel für ein nachhaltiges und erfolgreiches Business-IT-Alignment heraus. Der Beitrag profitiert sehr stark von der Zusammensetzung des Autorengremiums, das die Kernkompetenzen aus der akademischen und der praktischen Welt in sich vereint.

Für die Leser des Beitrages ist die Klarheit des Beitrages bestechend. Sehr anschaulich, mit konkreten Beispielen und Screenshots der betrachteten Software sowie tabellarischen Übersichten wird der Leser durch die Phasen des SALZ geführt. Es werden jeweils sowohl die Business-Ziele als auch die Implikationen

"

auf den Entwicklungsprozess dargestellt. Zudem werden für jeden methodischen Schritt die eingesetzte Entwicklungsmethode, Dauer der Implementierung und der Nutzung, Anzahl der Releases, Veränderung der Technologie und der Nutzerkreis im Hause BMW aufgeführt. Die Beziehung zwischen Business und IT ist daher durch den gesamten Beitrag hindurch sehr präsent. Interessanterweise war die Methodik des Strategischen Applikations-Lebenszyklus kein Input für das beschriebene Vorhaben, sondern ein Ergebnis, das aus den Erkenntnissen des zugrunde liegenden Projektes abgeleitet wurde. Die Autoren betrachten den SALZ als ein übergeordnetes Rahmenwerk für die strategische Ausrichtung der Schritte im operativen Applikationslebenszyklus nach ITIL (OGC 2002): Anforderungserhebung, Design, Entwicklung, Einführung, Betrieb, Optimierung. Die kritischen Erfolgsfaktoren für den Einsatz von SALZ sowie das Kapitel zur Übertragbarkeit der Erkenntnisse helfen dem Leser, individuellen Nutzen aus dem Konzept zu ziehen.

Die Verleihung des HMD Best Paper Awards 2014 für einen der drei besten HMD-Beiträge des Jahres 2014 legitimiert sich durch die fachliche Brillanz des Artikels, die hohe Anschaulichkeit der Aufbereitung, die herausragende Lesbarkeit und – nicht zuletzt – durch die zentrale Einhaltung und praxisnahe Aufbereitung der thematischen Aufgabenstellung „Business-IT-Alignment".

Die HMD – Praxis der Wirtschaftsinformatik und der HMD Best Paper Award

Alle HMD-Beiträge basieren auf einem Transfer wissenschaftlicher Erkenntnisse in die Praxis der Wirtschaftsinformatik. Umfassendere Themenbereiche werden in HMD-Heften aus verschiedenen Blickwinkeln betrachtet, sodass in jedem Heft sowohl Wissenschaftler als auch Praktiker zu einem aktuellen Schwerpunktthema zu Wort kommen. Den verschiedenen Facetten eines Schwerpunktthemas geht ein Grundlagenbeitrag zum State of the Art des Themenbereichs voraus. Damit liefert die HMD IT-Fach- und Führungskräften Lösungsideen für ihre Probleme, zeigt ihnen Umsetzungsmöglichkeiten auf und informiert sie über Neues in der Wirtschaftsinformatik. Studierende und Lehrende der Wirtschaftsinformatik erfahren zudem, welche Themen in der Praxis ihres Faches Herausforderungen darstellen und aktuell diskutiert werden.

Wir wollen unseren Lesern und auch solchen, die HMD noch nicht kennen, mit dem „HMD Best Paper Award" eine kleine Sammlung an Beiträgen an die

Hand geben, die wir für besonders lesenswert halten, und den Autoren, denen wir diese Beiträge zu verdanken haben, damit zugleich unsere Anerkennung zeigen. Mit dem „HMD Best Paper Award" werden alljährlich die drei besten Beiträge eines Jahrgangs der Zeitschrift „HMD – Praxis der Wirtschaftsinformatik" gewürdigt. Die Auswahl der Beiträge erfolgt durch das HMD-Herausgebergremium und orientiert sich an folgenden Kriterien:

- Zielgruppenadressierung
- Handlungsorientierung und Nachhaltigkeit
- Originalität und Neuigkeitsgehalt
- Erkennbarer Beitrag zum Erkenntnisfortschritt
- Nachvollziehbarkeit und Überzeugungskraft
- Sprachliche Lesbarkeit und Lebendigkeit

Alle drei prämierten Beiträge haben sich in mehreren Kriterien von den anderen Beiträgen abgesetzt und verdienen daher besondere Aufmerksamkeit. Neben dem Beitrag von Andreas Györy, Günter Seeser, Anne Cleven, Falk Uebernickel und Walter Brenner wurden ausgezeichnet:

- Wachter, S.; Zaelke, T.: Systemkonsolidierung und Datenmigration als geschäftskritische Erfolgsfaktoren. HMD – Praxis der Wirtschaftsinformatik 51 (2014), 296, 142–153.
- Walter, T.: Bring your own device – Ein Praxisratgeber. HMD – Praxis der Wirtschaftsinformatik 51 (2014), 295, S. 84–93.

Die HMD ist vor 50 Jahren erstmals erschienen: Im Oktober 1964 wurde das Grundwerk der ursprünglichen Loseblattsammlung unter dem Namen „Handbuch der maschinellen Datenverarbeitung" ausgeliefert. Seit 1998 lautet der Titel der Zeitschrift unter Beibehaltung des bekannten HMD-Logos „Praxis der Wirtschaftsinformatik", seit Januar 2014 erscheint sie bei Springer Vieweg. Verlag und HMD-Herausgeber haben sich zum Ziel gesetzt, die Qualität von HMD-Heften und -Beiträgen stetig weiter zu verbessern. Jeder Beitrag wird dazu nach Einreichung doppelt begutachtet: Vom zuständigen HMD- oder Gastherausgeber (Herausgebergutachten) und von mindestens einem weiteren Experten, der anonym begutachtet (Blindgutachten). Nach Überarbeitung durch die Beitragsautoren prüft der betreuende Herausgeber die Einhaltung der Gutachtervorgaben und entscheidet auf dieser Basis über Annahme oder Ablehnung. Jedes Heft wird zudem nach Erscheinen von einem HMD-Herausgeber hinsichtlich Ausgewogenheit, Vollständigkeit und Qualität der einzelnen Heftbausteine begutachtet. Daraus gewonnene Erkenntnisse tragen zur Weiterentwicklung der Zeitschrift und zur Verbesserung des Betreuungsprozesses durch die Herausgeber bei.

Nürnberg   Stefan Reinheimer

Inhaltsverzeichnis

Herausforderung multipler Zielsetzungen 1

Die wesentlichen Zielsetzungen für unternehmensinterne Softwareprojekte (inkl. Entwicklung, Einführung, Erneuerung, Migration, Konsolidierung und Abschaltung) lassen sich auf vier übergeordnete Kategorien reduzieren:

- *Mehrwert für die Anwender bieten*
  Themenfeld: Anwenderorientierung (Hallerstede et al. 2011)
- *Strategischen Mehrwert für das Unternehmen bieten*
  Themenfeld: Business Engineering (Österle und Blessing 2005)
- *Effizienz operativer Prozesse steigern*
  Themenfeld: Process Performance Management (Cleven 2011)
- *Effizienz im Betrieb der Softwarelösung steigern*
  Themenfeld: IT-Kosten (Scheeg und Pilgram 2003)

Nachhaltig erfolgreiche Applikationen erfüllen im Laufe ihres Einsatzes Ziele in jeder dieser vier Kategorien. Softwareprojekte, die jedoch Ziele und Anforderungen mehrerer Kategorien gleichzeitig verfolgen, übersteigen häufig die Veränderungsfähigkeit des Unternehmens und erfordern anschließend eine Kompensierung durch aufwendige Schulungen. So gibt es viele Beispiele gescheiterter ERP Einführungsprojekte bei denen durch eine Systemeinführung (Ziel der Akzeptanz durch Nutzer) gleichzeitig neue Geschäftsabläufe (Ziel der Prozessoptimierung) implementiert werden sollten. Solche ambitionierten Softwareprojekte, bei denen der Aufwand für die Veränderungen des Unternehmens (z. B. Anlernen eines neuen Systems und gleichzeitig neuer Geschäftsabläufe) unterschätzt wird, erleben häufig stark verzögerte Einführungen, drastische Personalwechsel oder frühzeitige Abbrüche (Ewusi-Mensah 2003). Zusätzlich erschweren die widersprüchlichen Anforderungen unterschiedlicher Kategorien

© Springer Fachmedien Wiesbaden 2016
A. Györy et al., *Projektübergreifendes Applikationsmanagement –
Der strategische Applikationslebenszyklus am Beispiel des BMW Q-Cockpit,*
essentials, DOI 10.1007/978-3-658-14224-7_1

die Entwicklung eines kohärenten Systemmodells. Deshalb betrachtet dieser Artikel die folgende Frage:

> Wie kann die Entwicklung und Einführung einer Applikation in unabhängige Teilprojekte gegliedert werden, ohne dabei die Veränderungsfähigkeit des Unternehmens zu übersteigen und dennoch alle Zielsetzungen nachweisbar erfüllen?

Um diese Frage zu beantworten, wurde die Entwicklung des BMW Q-Cockpits untersucht und daraus ein strategischer Applikationslebenszyklus (SALZ) abgeleitet. Das Modell erlaubt es, einen Entwicklungs- und Einführungsprozess anhand von vier Evolutionsphasen in Teilprojekte zu gliedern. Im Mittelpunkt steht dabei die Zusammenfassung von Zielen und Anforderungen anhand der oben genannten Kategorien und deren Zuordnung zu den Evolutionsphasen. Dadurch ergibt sich ein Metamodell, welches die Auswahl der Teilprojekte und die jeweiligen Entwicklungs- und Anforderungsmanagementmethoden sowie die Ressourcenverteilung unterstützt.

In Ergänzung zu gängigen Requirements Engineering und Management Methoden (siehe Rupp et al. 2009) bietet das Modell die Möglichkeit der frühzeitigen Identifikation und Korrektur (oder Terminierung) erfolgsgefährdeter Projekte durch messbare Teilziele und liefert einen übergeordneten Rahmen für die Anforderungspriorisierung.

Für die Analyse des Q-Cockpits (siehe Screenshots in Abb. 1.1) wurden für den Betrachtungszeitraum von 2008 bis 2011 Anwenderumfragen, Nutzerzahlen und

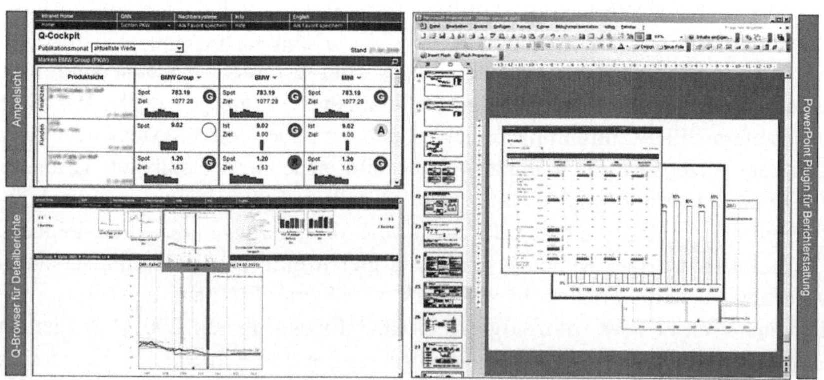

Abb. 1.1 Die drei Kernfunktionen des Q-Cockpit (in LS1)

Zugriffsprotokolle berücksichtigt sowie das kumulative Fachkonzept[1] ausgewertet. Der technische und fachliche Projektleiter des Q-Cockpits beteiligten sich an der Beschreibung des Entwicklungs- und Einführungsprozesses für diesen Artikel.

---

[1]Stand Juni 2013.

BMW Q-Cockpit

2

Das Q-Cockpit (siehe Screenshots in Abb. 1.1) wurde im Rahmen einer unternehmensweiten Qualitätssteigerungsinitiative der BMW Group entwickelt und im September 2008 in der ersten Version zur Nutzung freigegeben. Das initiale Projekt umfasste zehn Releases und wurde 2011 um ein Folgeprojekt erweitert. Zum Zeitpunkt des Artikels wird der weitere Ausbau des Q-Cockpits bis 2016 projektiert.

Das strategische Ziel der Applikation ist es, Qualitätsdaten transparenter und schneller zugänglich zu machen, um mit einer gesteigerten Reaktionsfähigkeit im Qualitätsmanagement langfristig die Produkt- und Servicequalität der Unternehmensgruppe zu verbessern. Zusammen mit den Ergebnissen flankierender Projekte unterstützt das Q-Cockpit heute die Früherkennung von Problemen, die Durchgängigkeit der Qualitätssteuerung, die Aufwandsminimierung im Qualitätsberichtwesen sowie die Vergleichbarkeit, Konsistenz und Validität von Qualitätsdaten.

Dafür greift das Q-Cockpit auf die Qualitätsmanagement-Datenbasis zu. Diese wurde in einem begleitenden Projekt entwickelt und ist ein Zusammenschluss von Data Warehouses (DW, ein DW pro Ressort), um einen Single-Point-of-Truth (SPOT) für alle Qualitätsdaten zu bilden. In weiteren Projekten wurden alle für das Qualitätsmanagement relevanten Kenngrößen und Berichtsprozesse vereinheitlicht. Die Ergebnisse dieser Projekte wurden im Q-Cockpit zusammengeführt, um eine zentrale Plattform zur Visualisierung, Überwachung, Kommunikation und Ablage aller Qualitätsinformationen zu bieten.

Die Auszeichnung mit dem Best Practice Award für Business-Intelligence- und Data-Warehouse-Lösungen des Business Application Research Center (BARC) (Bayer 2010) bestätigte 2010 die technische Überlegenheit gegenüber anderen Business-Intelligence-(BI)-Lösungen. Die seit der Einführung steigenden

© Springer Fachmedien Wiesbaden 2016

A. Györy et al., *Projektübergreifendes Applikationsmanagement –*
Der strategische Applikationslebenszyklus am Beispiel des BMW Q-Cockpit,
essentials, DOI 10.1007/978-3-658-14224-7_2

Nutzerzahlen sind wiederum ein Indikator für den Mehrwert, den die Applikation ihren Anwendern bietet. Heute hat das Q-Cockpit mehr als 1200[1] täglich aktive Anwender aus allen Bereichen der BMW Group und von vielen Lieferanten.

Vor der Einführung des Q-Cockpits war das Qualitätsberichtswesen, basierend auf der Verteilung von PowerPoint- und Excel-Dateien per Email, aufwendig und sehr heterogen. Es wurden unterschiedliche Kenngrößen und inkonsistente Daten verwendet und viele Berichte wurden manuell erstellt und dezentral gespeichert. Die BMW Group hat es mit ihren Bestrebungen in weniger als zwei Jahren geschafft, die Berichtsprozesse über Unternehmens- und Landesgrenzen hinweg zu vereinheitlichen, die Qualitätsdaten zu zentralisieren und diese über eine einheitliche Plattform, das Q-Cockpit, miteinander zu verknüpfen.

---

[1]Stand Q1 2013.

Entwicklung des Q-Cockpits in drei Leistungsstufen 3

Das BMW Q-Cockpit wurde in drei inkrementellen Teilprojekten, sogenannten Leistungsstufen (LS), umgesetzt, die eine Identifikation der unterschiedlichen Merkmale der evolutionären Entwicklungsschritte der Applikation ermöglicht.

Tab. 3.1 fasst die wichtigsten Merkmale zusammen, welche die einzelnen LS voneinander unterscheiden. Die Übersicht verdeutlicht, wie die Aufteilung in LS es ermöglichte, die Funktionen, Inhalte und Nutzerkreise gestaffelt aufzubauen und gleichzeitig die Entwicklungsmethode und die eingesetzten Technologien an neue Erkenntnisse und Anforderungen anzupassen. Wie mit dem Q-Cockpit in den einzelnen LS Veränderungen der Geschäftsprozesse erreicht wurden, wird in den folgenden Kapiteln dargelegt.

3.1 Leistungsstufe 1 (LS1) – „Quick-Win"

3.1.1 Zielsetzung

Das Ziel der LS1 war die Definition der technischen Architektur und des Rumpfes der Applikation für die Funktionalitäten und für die grafische Benutzeroberfläche. Dabei sollte das System von Anwendern möglichst schnell zielführend eingesetzt und evaluiert werden können.

3.1.2 Umsetzung

Gemäß den Unternehmensvorgaben für Softwareentwicklung und -architektur wurde das Q-Cockpit mit einer sequenziellen Entwicklungsmethode

© Springer Fachmedien Wiesbaden 2016
A. Györy et al., *Projektübergreifendes Applikationsmanagement –
Der strategische Applikationslebenszyklus am Beispiel des BMW Q-Cockpit*,
essentials, DOI 10.1007/978-3-658-14224-7_3

Tab. 3.1 Übersicht der Q-Cockpit Leistungsstufen des initialen Entwicklungsprojekts

Kriterien	Leistungsstufe 1	Leistungsstufe 2	Leistungsstufe 3
Fokus:	Anwendernutzen	Unternehmensziel	Optimierung
Konkrete Zielsetzung:	„Quick Win" Funktionen	Hauptnutzen (Kennzahlen + Funktionen)	Nutzung erweitern + verbessern
Entwicklungszeitraum:	06.2007–09.2008 (15 Monate)	06.2008–12.2009 (18 Monate)	09.2009–02.2011 (17 Monate)
Nutzungszeitraum:	09.2008–05.2009 (6 Monate)	05.2009–05.2010 (12 Monate)	05.2010–08.2011 (15 Monate)
Dominierende Entwicklungsmethode:	Wasserfall	Anwenderintegriert, iterativ	Anwenderintegriert, iterativ
Interne Wertschöpfungstiefe:	Hoch	Hoch	Hoch/Reduziert[a]
Releases:	1	3	6
Vorgesehener Nutzerkreis:	Zentraler Qualitätsbereich, Produktlinien	Zentraler Qualitätsbereich, Produktlinien, Entwicklung, Produktion, Service	Alle Qualitätsbereiche der BMW Group, Lieferanten
Aktive Anwender[b]:	ca. 400[c]	528	820
Neue Kernfunktionen:	Ampelansicht, Q-Browser, PPT-Plug-in	Alerting, Berichtsmanagement, Expertenmodus	Onlineberichte
Neue Zusatzfunktionen[c]:	keine	Kommentierung, Berechtigungsmanagement	Personalisierung, Kenngrößen-Cluster, Schnellnavigation
Neue Kenngrößen:	9	15	9
Neue Kenngrößendimensionen[d]:	3	4	4
Technologieänderungen[e]:	Initialarchitektur	IBM Cognos BI → Eigenentwicklung	Internetexplorer 7 → Chromeframe

[a]Erstes Release/Fortlaufende Entwicklung
[b]Durchschnittliche Anzahl individueller Anwender, die täglich zugreifen
[c]Da in der LS1 kein Monitoring durchgeführt wurde, liegen hier nur Schätzungen vor
[d]Berücksichtigt werden auch Erweiterungen einer bestehenden Dimension um weitere Ausprägungen
[e]Im Vergleich zur vorherigen LS

Tab. 3.2 Technische Architektur der LS1

	Module	Technologie
Q-Cockpit	PowerPoint Plug-in:	Microsoft .NET Framework 3.5
	Client:	Internet Explorer 7
	Frontend:	XHTML, JavaScript, JQuery
	Aggregation und Visualisierung:	IBM Cognos 8 BI
	Middleware:	Java J2EE
Q-Daten-Basis	Datawarehouse[a]:	Oracle 10 g
	Datenintegration (ETL):	Informatica 8.6.0

[a]Für Ressort-übergreifende Qualitätsdaten

(Wasserfallmodell) und verfügbarer Standardsoftware (z. B. IBM Cognos; siehe auch Tab. 3.2) in einem Release implementiert. Um eine möglichst einfach und schnell einsetzbare Version der Applikation bereitzustellen, wurde der angesprochene Anwenderkreis limitiert. Die bereitgestellten Funktionen und Inhalte wurden auf „Quick Wins" beschränkt. „Quick Wins" sind die Umfänge einer Applikation, die bei verhältnismäßig geringem Entwicklungsaufwand den höchsten Mehrwert für Anwender bieten.

3.1.3   Evolution der Applikation

Das Q-Cockpit wurde als browserbasierte Intranet-Applikation zur freiwilligen Nutzung eingeführt. Es enthielt drei Kernfunktionen, welche die ersten vier Teilprozesse des Qualitätsmanagements (siehe hierzu auch Tab. 3.3) unterstützen:

Die *Ampelsicht* bietet Anwendern eine schnelle Übersicht über den Status aller für sie relevanten Qualitätswerte. Mit dem *Q-Browser* können begrenzte Recherchen anhand von Detailberichten unmittelbar im Q-Cockpit durchgeführt werden. Für ausführlichere Nachforschungen ist es möglich, über kontextbezogene Absprünge die jeweiligen Quellsysteme aufzurufen. Das *PowerPoint-Plug-in* bietet die Möglichkeit, die Darstellungen der Ampelsicht und des Q-Browsers in eine lokale Präsentation (z. B. für Qualitätsberichte) als Grafik auszuleiten und dort auf Knopfdruck zu aktualisieren.

Tab. 3.3 Unterstützung und Automatisierung (grau markiert) von Teilprozessen durch Office Applikationen und den Leistungsstufen des Q-Cockpits

Teilprozesse (grobe Abfolge): / Unterstützende Applikationen:	Daten		Kenngrößen				Berichte			
	Abruf	Aggregation	Übersicht	Visualisierung	Kommentierung	Überwachung	Erzeugung	Präsentation	Speicherung	Verteilung
Quellsysteme:	●									
Excel:		●	●	●	●					
PowerPoint:					●		●	●		
Dezentrale Datenablage:									●	
Outlook/ Email:										●
Q-Cockpit LS1:	●	●	●	●						
Q-Cockpit LS2:	●	●	●	●	●	●			●	●
Q-Cockpit LS3:	●	●	●	●	●	●	●	●	●	●

3.1.4 Evolution des Geschäftsprozesses

Die Nutzung des Q-Cockpits bedeutete für Berichterstatter und Führungskräfte die Reduktion des Erstellungsaufwandes für den monatlichen Qualitätsbericht auf einen Bruchteil der zuvor benötigten Zeit. Mit der intuitiven Bedienbarkeit, der niedrigen Einstiegshürde und der konkreten Beschleunigung gängiger Arbeitsschritte etablierte sich daher der Einsatz der Applikation unter den Mitarbeitern in kurzer Zeit.

Über den direkten Anwendernutzen der Applikation hinaus wurden mit dem Erfolg der LS1 auch das Veränderungspotenzial im Qualitätsmanagement und die Eignung des Q-Cockpits, dieses Potenzial zu heben, bestätigt.

Tab. 3.4 Applikationsklassen und SALZ-Phasen der Leistungsstufen

	Leistungsstufe 1	Leistungsstufe 2	Leistungsstufe 3	
Entwicklungs-umfang:	„Quick-Win"-Funktionen	Hauptfunktionen	Zusatzfunktionen	kontinuierliche Weiterentwick-lung
Fokus:	Anwendernutzen	Unternehmensziel	Prozess-optimierung	Ressourcen optimieren
Veränderung für Anwender:	Neue Applikation	Neue Prozesse	Optimierte Applikation	
Strategisches Potenzial[a]:	Hoch	Hoch	Mittel	Niedrig
Operative Kritikalität[a]:	Keine	Hoch	Hoch	Hoch
Applikations-klasse:	High Potential	Strategic	Key Operational	Support
SALZ:	Anwenderphase	Strategiephase	Effizienzphase	Ressourcenphase

[a]Stand Juni 2013

3.2 Leistungsstufe 2 (LS2) – „Hauptnutzen erfüllen"

3.2.1 Zielsetzung

Nachdem mit der LS1 das Q-Cockpit im Unternehmen für bestehende Arbeits-schritte etabliert wurde, war es das Ziel der LS2, das Qualitätsmanagement grundlegend zu verändern, um die Reaktionsfähigkeit auf Qualitätsprobleme zu verbessern (vgl. Tab. 3.4).

Zusätzlich sollten auch der Anwenderkreis um die Qualitätsstellen verschie-dener Ressorts erweitert und entsprechende Kennzahlen und Dimensionen aufge-nommen werden.

3.2.2 Umsetzung

Basierend auf den Erfahrungen aus der LS1 wurde die sequenzielle Entwick-lungsmethode durch ein iteratives anwenderintegriertes Vorgehen mit drei

Releases abgelöst. Dies wurde von einem dedizierten Anforderungsmanagement flankiert, welches heute noch die Anmerkungen der Anwender transparent (über eine Intranet-Seite verfolgbar) in die Entwicklung einfließen lässt. Auch die Applikationsarchitektur wurde angepasst, um die wachsende Komplexität der Inhalte effizient abbilden und darstellen zu können. Die damalige Version der Standardsoftware IBM Cognos, deren Berichte für das Q-Cockpit manuell definiert und release-abhängig aktualisiert werden mussten, wurde durch eine Eigenentwicklung basierend auf Java (J2EE) und MonarchCharts ersetzt, die eine automatisierte Darstellung erlaubte.

3.2.3 Evolution der Applikation

Mit der LS2 wurde das Q-Cockpit um drei Kern- und zwei Zusatzfunktionen erweitert, mit denen zusätzliche Teilprozesse unterstützt und Prozessveränderungen ermöglicht wurden (siehe hierzu auch Tab. 3.3).

Das *Alerting-System* informiert Anwender per Email sofort über das Überschreiten eines Kenngrößenschwellwerts. Damit ist im Qualitätsmanagement zusätzlich zum zyklischen Pull-Prinzip von Berichten ein proaktiver Push von Informationen möglich, der die Reaktionsgeschwindigkeit um bis zu einen Berichtszyklus (in der Regel ein Monat) verbessert.

Das *Berichtsmanagement* ersetzte die manuelle, dezentrale Ablage und Verteilung der Qualitätsberichte (per Email) durch einen zentral gesteuerten, gesicherten und automatisierten Prozess. Diese Funktion wurde im Laufe der LS2 verbindlich im Entwicklungsressort eingeführt, um damit einen SPOT auch für Qualitätsberichte[1] zu etablieren.

Der *Expertenmodus* bietet die Möglichkeit, Ansichten und Filtereinstellungen beliebig selbst zu konfigurieren, ohne dabei an die vordefinierten Ampelansichten gebunden zu sein. Dadurch kann das Qualitätsmanagement mit neuartigen Auswertungen bereichert werden.

Die neuen Kernfunktionen und die Erweiterung der Inhalte machte zwei Zusatzfunktionen notwendig: Kommentierung und Berechtigungen.

Die *Kommentierung* ermöglicht es, Inhalte im Q-Cockpit mit Erläuterungen zu versehen, die insbesondere für Kennwerte, die Alerts auslösen, von Bedeutung sind, da damit alert-bedingte Eskalation und Klärungsrunden vermieden werden können.

---

[1]Nur zentral gesteuerte Standard-Qualitätsberichte.

Mit dem *Berechtigungsmanagement* wurde zusätzlich zur bestehenden Anwenderauthentifizierung der Zugriff auf Daten im Q-Cockpit inhaltsbezogen eingeschränkt. Dies wurde besonders mit der steigenden Durchgängigkeit[2] des Kenngrößensystems und der wachsenden Anwenderanzahl notwendig, um die Richtlinie für die Datenbefugnis unterschiedlicher Rollen im Unternehmen zu erfüllen.

3.2.4   Evolution des Geschäftsprozesses

Mit der LS2 wurde die niedrige Einstiegshürde der LS1 für neue Anwender erhalten, während gleichzeitig erfahrene Nutzer mit neuen Funktionen ihre Arbeitsschritte neu gestalten konnten. Diese anwendergetriebene Evolution der Geschäftsprozesse bewirkte die nachhaltige Verbesserung des Qualitätsmanagements im Rahmen der Veränderungsfähigkeit des Unternehmens. Diese Entwicklung wurde durch die unternehmensweite Verbreitung und Nutzung der Applikation nachhaltig gefördert.

Im Laufe der LS2 wurden unternehmensweite Prozessveränderungen zunehmend deutlich.

So wurde beispielsweise der Aufwand für die halbjährlichen Qualitätsberichte von ca. 200 Personentage auf zwei Personentage reduziert. Weiterhin konnte ein Großteil der qualitätsbezogenen Klärungsrunden zur Korrektheit und Stimmigkeit von Qualitätsdaten vermieden werden.

Mit der LS2 wurde, auf der etablierten Funktionsweise der LS1 aufbauend, das volle strategische Potenzial der Applikation realisiert und damit eine anwendergetriebene Verbesserung angestoßen, die bis heute anhält.

3.3   Leistungsstufe 3 (LS3) – „Nutzung optimieren"

3.3.1   Zielsetzung

Für die LS3 stand die Verbesserung der in LS1 und LS2 eingeführten Kernfunktionen im Mittelpunkt, um deren effiziente Nutzung zu fördern. Zusätzlich sollten die Inhalte und der Anwenderkreis erweitert und das Projekt in eine langfristige Weiterentwicklung überführt werden.

---

[2]Sowohl unternehmensweite und strategische als auch modulbasierte und operative Kenngrößen.

3.3.2 Umsetzung

Da sich die Anwenderorientierung bewährt hatte, wurde die Entwicklungsme-
thode der LS2 fortgesetzt. Dabei wurde die Release-Häufigkeit erhöht, um die
Reaktionsfähigkeit auf Anforderungen zu verbessern. Anwenderseitig wurde der
Browser (Unternehmensstandard: Internet Explorer 7), durch ein Plug-in (Google
Chrome Frame) ergänzt, um damit die Darstellung des Cockpits auf ein von
Anwendern akzeptiertes Niveau zu beschleunigen. Nach der Einführung der LS3
wurde mit der kontinuierlichen Weiterentwicklung des Q-Cockpits (weitere fünf
Releases) ein externer Entwicklungspartner beauftragt, der das Projekt bereits ab
der LS1 zunehmend unterstützte.

3.3.3 Evolution der Applikation

Mit der LS3 wurden drei Zusatzfunktionen Personalisierung, Kenngrößen-Cluster
und Schnellnavigation eingeführt, um die Nutzung der Kernfunktionen zu ver-
einfachen, während eine neue Kernfunktion „Onlineberichte" die Lücke in der
Berichtsprozessunterstützung schloss (siehe hierzu auch Tab. 3.3).

Mit den *Onlineberichten* können Abfolgen von Q-Cockpit Darstellungen
erstellt und anschließend gespeichert, freigegeben und präsentiert werden[3]. Damit
ermöglicht diese Funktion eine durchgängige Berichterstellung im Q-Cockpit
ohne auf PowerPoint zugreifen zu müssen.

Die *Personalisierung* erlaubt die anwenderbasierte Speicherung der Konfi-
gurationen von Kernfunktionen. So können beispielsweise eine personalisierte
Start-Ampelansicht festgelegt oder Alerts mit selbst definierten Onlineberichten
dargestellt werden.

Kenngrößen-Cluster kapseln die Komplexität der Vielzahl an Kenngrößen in
einer zielgruppenspezifischen Struktur. So adressiert z. B. der Balanced-Score-
Card-Cluster die Unternehmensführung und ordnet die Kenngrößen nach Finan-
zen, Kunden und internen Prozessen.

Die *Schnellnavigation*, ähnlich einer Kommandozeile, erlaubt es, Kenngrößen,
Dimensionen, Ausprägungen und Filter als Texteingabe zu formulieren, um eine
Expertenansicht zu erzeugen. Dadurch erübrigt sich eine aufwendige Konfigura-
tion einer Ansicht über die grafische Bedienoberfläche.

---

[3]Dabei wird nur die Abfolge von den URLs der Darstellungen gespeichert und wiedergegeben.

3.3.4   Evolution des Geschäftsprozesses

Die Einführung der LS3 hat die Verwendung der Kernfunktionen beschleu-
nigt und vereinfacht. Dadurch wurde der neue Q-Cockpit-basierte Qualitätsmanagementprozess weiter optimiert und die Nutzung des gesamten Potenzials der
Applikation erleichtert. In der Folge stieg die Nutzung der Applikation auf mehr
als das 1.5-fache im Vergleich zur LS2 während der Trend der Ressourcenopti-
mierung im Qualitätsmanagement weiter anhielt.

Die LS3 optimierte und komplettierte die bestehenden Kernfunktionen und
verankerte damit die Nutzung des Potenzials der Applikation im Unternehmen.
Zusätzlich konnte durch die optimierte Ressourcenverteilung die kontinuierliche
Weiterentwicklung bis zur nächsten Serie an Q-Cockpit Entwicklungsprojekten
sichergestellt werden.

Strategischer Applikationslebenszyklus

4

Die langfristige Beobachtung des Q-Cockpits ermöglicht die Untersuchung der Entwicklung der operativen und strategischen Bedeutung der Applikation im Unternehmen. Dabei wird deutlich, dass pro LS jeweils Ziele aus einer Kategorie (siehe Kap. 1) dominierten. Ein von Ward und Peppard (2002) ursprünglich zur Klassifikation eines Applikationsportfolios entwickeltes Modell eignet sich, um den Wandel der verfolgten Zielsetzung und die damit einhergehende Veränderung der Bedeutung einer Applikation in ihrem Lebenszyklus darzustellen. Das Modell spannt anhand der zwei Achsen „Strategisches Potential" und „Operative Kritikalität" vier Klassen auf, welche die in Kap. 1 vorgestellten dominanten Ziel-Kategorien in der Software-Entwicklung widerspiegeln. In Abb. 4.1 ist der Evolutionspfad des Q-Cockpits anhand der drei Leistungsstufen visualisiert. Der Übergang nur zur jeweils benachbarten Applikationsklasse bedeutet, dass die Anwender pro LS nur mit einer Form der Veränderung konfrontiert waren.

So unterstützte die intuitive Aufteilung des Q-Cockpit-Projekts in applikationsklassenspezifische Teilprojekte sowohl die Staffelung multipler Zielsetzungen als auch eine Geschäftsprozessoptimierung im Rahmen der Veränderungsfähigkeit.

Um diese Vorteile geplant in Softwareprojekten reproduzieren zu können, wurde aus den LS der generische „Strategische Applikationslebenszyklus" (SALZ) abgeleitet (vgl. Tab. 4.1).

Der SALZ bietet ein übergeordnetes Rahmenwerk für die strategische Ausrichtung der Schritte im *operativen* Applikationslebenszyklus nach ITIL (OGC 2002): Anforderungserhebung, Design, Entwicklung, Einführung, Betrieb, Optimierung.

© Springer Fachmedien Wiesbaden 2016

A. Györy et al., *Projektübergreifendes Applikationsmanagement –*
Der strategische Applikationslebenszyklus am Beispiel des BMW Q-Cockpit,
essentials, DOI 10.1007/978-3-658-14224-7_4

Abb. 4.1 In
Anlehnung an das
Applikationsklassenmodell
nach Ward und Peppard
(2002)

Das Modell unterstützt eine methodenunabhängige (sowohl sequenzielle als auch agile Methoden) und projektübergreifende Zieldefinition und Anforderungspriorisierung für Softwareprojekte.

Bei einem evolutionären Einsatz (stufenweise Entwicklung und Einführung) werden Teilprojekte gebildet, in denen jeweils eine SALZ-Phase mit dem operativen Applikationslebenszyklus abgebildet wird. Jede SALZ-Phase kann nur dann begonnen werden, wenn ihre Anforderungen vollständig erfüllt sind (vgl. Tab. 4.1). Entspricht ein Teilprojekt den Erfolgskriterien einer Evolutionsphase, kann die folgende Phase angestoßen werden. Ist das Teilprojekt erfolglos, kann es mit neuen Prämissen wiederholt oder als Gesamtprojekt neu evaluiert werden.

Denkbar ist auch der revolutionäre Einsatz des SALZ (Big Bang). Dabei kann das Modell zur Vollständigkeitsprüfung und zur Schulungsplanung herangezogen werden, während mehrere SALZ-Phasen in einem Projekt umgesetzt werden und dabei bewusst die Veränderungsfähigkeit im Unternehmen herausgefordert wird.

Tab. 4.1 Strategisches Lebenszyklusmodell einer Applikation

Evolutionsphase	Zielsetzung	Voraussetzung	Angestrebter Applikations-umfang	Angestrebtes Anwenderver-halten	Angestrebte Pro-zessveränderung	Erfolgskriterium
Anwenderphase	Applikation im Geschäftsprozess etablieren	Geschäftsprozess-verständnis	„Quick-Win" Anwenderfunk-tionen	Eigeninitia-tive Nutzung aus direktem Mehrwert	Nutzen für beste-hende Arbeits-schritte stiften	Etablierte Applikation
Strategiephase	Strategische Verbesserung des Geschäfts-prozesses	Etablierte Applikation	Strategische Anwenderfunk-tionen	Nutzung neuer Potenziale, um Effektivität zu steigern	Evolution des Geschäftspro-zesses durch Anwender	Effektiver Geschäfts-prozess
Effizienzphase	Geschäftsprozess beschleunigen	Etablierte Applika-tion + Definierter Geschäftsprozess	Spezifische Geschäftsprozess-unterstützung	Einheitliche Nutzung eines Geschäftspro-zesses	Erhöhter Reifegrad	Effizienter Geschäfts-prozess
Ressourcenphase	Applikations-ressourcen optimieren	Keine Geschäfts-prozessänderun-gen	Wartungsarme Architektur/ Abschaltung[a]	Kostenbewusste Nutzung/ Migration[a]	Prozessverän-derungen vermeiden[b]	Kostengünstige Applikation

[a] Wenn eine vergleichbare Applikation in einer anderen Phase verfügbar ist
[b] Applikationsbezogen; Veränderung durch andere Applikation möglich

Kritische Erfolgsfaktoren für den SALZ

Soll eine Applikation zukünftig eine strategische Rolle einnehmen, erfordert das bei konsequenter Umsetzung den Ausbau des unterstützten Geschäftsprozesses zu einem Alleinstellungsmerkmal für das Unternehmen. Dieser Prozess muss unter Einsatz der Applikation den industrieweiten Grad an Effizienz und Effektivität übertreffen. Bei der BMW Group wurde mit dem Q-Cockpit der Qualitätsmanagementprozess nachhaltig verbessert. Dabei waren für den Erfolg der evolutionären Entwicklung und Einführung der Applikation folgende Faktoren ausschlaggebend.

5.1 Mit der Unterstützung vorhandener Prozesse beginnen

In der Anwender-Phase des SALZ geht es darum, eine Applikation unter den Mitarbeitern zu etablieren. Zielsetzung ist es dabei, ihre bestehenden Geschäftsprozesse besser als bisherige Software zu unterstützen und sie dadurch zu einem Wechsel zu bewegen. Eine gleichzeitige Softwareeinführung und Veränderung der Prozessabläufe (z. B. neue integrierte Workflows) erschwert die Wiedererkennung bestehender Prozessschritte und damit die Akzeptanz. Neue Prozessabläufe sollten deshalb erst mit einer etablierten Applikation in der Strategie-Phase umgesetzt werden (siehe Funktionsbeschreibung der LS1).

5.2 „Quick-Wins" priorisieren

Wird eine Geschäftsprozessunterstützung in mehreren Teilschritten umgesetzt, sollten zuerst die „Quick-Wins" realisiert werden. Dies sind die Inhalte und Funktionen, die das beste Verhältnis zwischen Entwicklungsaufwand (möglichst

© Springer Fachmedien Wiesbaden 2016   21
A. Györy et al., *Projektübergreifendes Applikationsmanagement –
Der strategische Applikationslebenszyklus am Beispiel des BMW Q-Cockpit*,
essentials, DOI 10.1007/978-3-658-14224-7_5

gering) und Anwendernutzen (möglichst hoch) darstellen. Diese Priorisierung fördert die Akzeptanz des Systems und reduziert gleichzeitig das Risiko hoher Entwicklungskosten, falls das Veränderungspotenzial sich nicht bestätigt und das Projekt beendet wird (siehe Funktionsumfang der LS1 in Tab. 3.3).

5.3   Erfolgskriterium freiwillige Nutzung

Der beste Indikator, ob eine Applikation oder eine Funktion den Anwendern einen Mehrwert bietet, ist der Umfang, zu dem sie freiwillig eingesetzt wird. Die unverbindliche Nutzung dient in der Anwender-Phase als Erfolgskriterium, während sie in der Strategie-Phase die Innovation des Geschäftsprozesses erlaubt. Erst wenn der Mehrwert bestätigt und die gewünschte Prozessveränderung vollzogen sind, kann in der Effizienz-Phase in Erwägung gezogen werden, die Nutzung der Applikation für ausgewählte Geschäftsprozesse verpflichtend einzuführen. Verfrühte Applikations- und Prozessstandards lähmen die anwendergetriebene Prozessinnovation, machen den Applikationsnutzen intransparent und fördern die parallele Entwicklung von Schatten-IT-Lösungen[1] (siehe freiwillige Nutzung des Q-Cockpits in Kap 3).

5.4   Mitarbeiter integrieren, aber nicht überfordern

Essenziell für einen hohen Nutzungsgrad ist die aktive Einbindung der Anwender in die Entwicklung. Um den zusätzlichen Aufwand für die Anwender einzugrenzen, müssen dabei eine intuitive Bedienung, ein konkreter Anwendernutzen und eine angemessenen Frequenz der Releases sichergestellt werden. Gerade in den ersten beiden SALZ-Phasen gilt es, die Applikation auf Anwender wirken zu lassen und sie nicht zusätzlich mit häufigen Änderungen zu überfordern (siehe auch Anzahl Releases der LS in Tab. 3.1).

---

[1]Ursachen und Folgen von „Schatten-IT" werden in folgenden weiterführenden Artikel erörtert (Zimmermann und Rentrop 2012; Györy et al. 2012).

5.5 Refactoring der Architektur

Die Applikationsarchitektur sollte entsprechend neuer Zielsetzung und Anforderungen, z. B. bei einem Phasenwechsel im SALZ, flexibel angepasst werden (Refactoring), um zu vermeiden, dass sie zum Flaschenhals für eine Evolutionsphase wird. Dies ist ein notwendiger Prozess der evolutionären Entwicklung und kein Zeichen unzureichender Entwicklungsarbeit früherer Phasen (siehe auch Technologieänderungen des Q-Cockpits in Tab. 3.1).

Übertragbarkeit des SALZ und Ausblick 6

Mit diesem Beitrag wurde der SALZ vorgestellt, der auf den Erkenntnissen aus dem BMW Q-Cockpit-Projekt beruht. Mit dem Modell werden die grundlegenden Zielsetzungen einer strategischen Applikation in klar abgegrenzte Teilprojekte gegliedert, die jeweils einen unabhängigen Mehrwert für das Unternehmen liefern und eine Geschäftsprozessevolution erlauben. Indem sie die Veränderungsfähigkeit des Unternehmens berücksichtigt und ein BITA auf Applikationsebene sichergestellt, macht sich diese Vorgehensweise die Vorteile des organischen Wachstums auf kontrollierte Art und Weise zunutze.

Der Erfolg des Q-Cockpits ist ein Beispiel wie mit einer evolutionären Einführung eines neuen Informationssystems entlang des SALZ Geschäftsprozesse anwendergetrieben und nachhaltig verbessert werden können.

Künftig gilt es, die Nützlichkeit des SALZ in weiteren evolutionären Entwicklungsszenarien, auch außerhalb der Business Intelligence Domäne, zu verifizieren. So könnten durch weitere Forschung z. B. ERP Systeme, mobile Kundenapplikationen oder auch Legacy-Systeme abhängig von ihrer Kritikalität und strategischen Bedeutung in dem Modell verortet werden, um deren nächste Evolutionsschritte zu bestimmen. Zudem besteht die Möglichkeit, die Phasen des Modells auch im revolutionären Einsatz zu erforschen, bei dem gleichzeitig mehrere Veränderungen für Anwender, Geschäftsziele, Geschäftsprozesse und IT-Systeme berücksichtigt werden müssen (z. B. bei der Einführung neuer Systeme, um Prozesseffizienz zu steigern).

© Springer Fachmedien Wiesbaden 2016
A. Györy et al., *Projektübergreifendes Applikationsmanagement –*
Der strategische Applikationslebenszyklus am Beispiel des BMW Q-Cockpit,
essentials, DOI 10.1007/978-3-658-14224-7_6

Was Sie aus diesem *essential* mitnehmen können

- Innovative Applikationsentwicklung kann nur stattfinden, wenn diese von den Anforderungen an operative Systeme entkoppelt ist
- „Quick and Dirty" und Schatten-Applikationen können als Proof-of-Concept für Innovationen dienen
- Die Aufwandsverteilung zwischen Systemplanung und Re-Engineering muss anhand des Applikationslebenszyklus bestimmt werden
- Ein iterativer Innovationsansatz reduziert das Risiko hoher Investitionen in erfolglose Entwicklungsprojekte

© Springer Fachmedien Wiesbaden 2016

A. Györy et al., *Projektübergreifendes Applikationsmanagement –*
Der strategische Applikationslebenszyklus am Beispiel des BMW Q-Cockpit,
essentials, DOI 10.1007/978-3-658-14224-7

Literatur

Bayer M (2010) BMW gewinnt Business-Intelligence-Auszeichnung. http://www.computerwoche.de/a/bmw-gewinnt-business-intelligence-auszeichnung,1931207. Zugegriffen: 20. Febr. 2014

Cleven A (2011) Exploring patterns of business-it alignment for the purpose of process performance measurement. Proceedings of the European Conference on Information Systems (ECIS), Helsinki

Ewusi-Mensah K (2003) Software development failures: Anatomy of abandoned projects. MIT Press, Cambridge

Györy A, Cleven A, Uebernickel F, Brenner W (2012) Exploring the shadows: IT governance approaches to user-driven innovation. Proceedings of the European Conference on Information Systems (ECIS), Barcelona

Hallerstede SH, Danzinger F, Bullinger AC, Möslein KM (2011) Akzeptanzorientiertes application life-cycle management. HMD Prax Wirtschaftsinform 278:30–40

Office of Government Commerce (2002) Best practice for application management. ITIL The key to managing IT services. TSO, London

Österle H, Blessing D (2005) Ansätze des Business Engineering. HMD Prax Wirtschaftsinform 241:7–17

Rupp C, Simon M, Hocker F (2009) Requirements engineering und management. HMD Prax Wirtschaftsinform 267:94–103

Scheeg J, Pilgram U (2003) Integrierte Kostenbetrachtung für IT-Produkte. HMD Prax Wirtschaftsinform 232:89–97

Ward J, Peppard J (2002) Strategic planning for information systems, 3 Aufl. Wiley, Chichester

Zimmermann S, Rentrop C (2012) Schatten-IT. HMD Prax Wirtschaftsinform 288:60–68

© Springer Fachmedien Wiesbaden 2016

A. Györy et al., *Projektübergreifendes Applikationsmanagement –*
Der strategische Applikationslebenszyklus am Beispiel des BMW Q-Cockpit,
essentials, DOI 10.1007/978-3-658-14224-7